I0686652

PANTOMIME INÉDITE

DIX COMPOSITIONS

JULES CHÉRET

GRAVÉES A L'EAU FORTE PAR BRACQUEMOND

LE

SONGE D'UNE NUIT D'HIVER

8YF
1355

JUSTIFICATION DU TIRAGE

Nᵒˢ 1 à 110. — Exemplaires sur papier du Japon ou grand vélin d'Arches.

Nᵒˢ 111 à 150. — Exemplaires sur papier du Japon.

Nᵒˢ 151 à 350. — Exemplaires sur papier vélin d'Arches.

20 Exemplaires in-8 sur papier vélin réimposés, numérotés de I à XX.

Nᵒ réservé au Dépôt légal
J. J.

Le Songe d'une Nuit d'Hiver

PANTOMIME DE L. HENNIQUE

F. FERROUD
PARIS
1903

LÉON HENNIQUE

LE

SONGE D'UNE NUIT D'HIVER

PANTOMIME INÉDITE

DIX COMPOSITIONS

DE

JULES CHÉRET

GRAVÉES A L'EAU FORTE PAR BRACQUEMOND

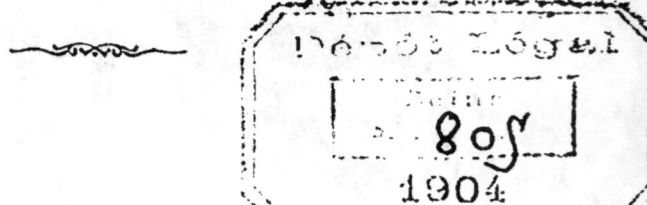

PARIS

LIBRAIRIE DES AMATEURS

A. FERROUD. — F. FERROUD, Successeur

127, BOULEVARD SAINT-GERMAIN, 127

1903

POUR

CATULLE MENDÈS

EN L'HONNEUR DE CE PETIT ART,

LA PANTOMIME,

QUE NOUS AIMONS.

BIEN AFFECTUEUSEMENT

L. H.

LE
SONGE D'UNE NUIT D'HIVER

PERSONNAGES

PIERROT.
UN GUITARISTE NÈGRE.
UN GARDIEN DE LA PAIX.
UN VENTRE.
UN JUGE.
UN GENDARME.
UN BOURREAU.
UN POUPON.
DES MASQUES.

LÉONA.
LA CONCIERGE DE PIERROT.
UNE MENDIANTE.
UNE MARITORNE.

———————

A Paris, de nos jours.

DÉCOR

La chambre de Pierrot, chambre ténébreuse, modeste, chambre d'hôtel borgne. A droite, une porte, la cheminée, la fenêtre, et, dans la cheminée, un maigre feu de coke; à gauche, une alcôve où des rideaux, largement ouverts, laissent apercevoir un lit, un édredon rouge. Peu de meubles; plusieurs toiles grotesques, aux murailles; quelquefois, à la cantonade, le passage de niais qui hurlent, de cuivres qui pétardent, de mirlitons qui nasillent. — La scène est d'abord vide.

SCÈNE PREMIÈRE

Entre, comme la foudre, comme si une
meute allait l'atteindre, un individu blême,

exténué, dont les mâchoires claquent, dont la poitrine halette; un maigre individu en trousses blanches, en mac-farlane, en gibus; un piètre individu au nez prodigieux, aux moustaches de ratapoil...

Il frissonne, bombe le dos, et, — pour avoir dévalisé je ne sais qui, là-bas, — chaque rumeur, les grosses, les petites, il les écoute, avec son âme...

— Le menacent-elles?... Vont-elles se ruer contre lui, ou peu à peu mourir, inoffensives?

Trois minutes, trois siècles, le misérable écoute les rumeurs éparses, les rumeurs inhérentes à tout Carnaval...

Puis, il écoute moins... puis il cesse de guetter... puis il se tranquillise, n'est plus le lièvre de naguère.

— Heu!

Quoi?... Notre timide blêmirait-il encore?... A peine! Voyez : il marche derechef, tâte l'ombre, saisit un bougeoir, ose l'allumer... ose même enlever son gibus, son faux nez et ses fausses moustaches.

Pierrot?

Oui, Pierrot! L'unique, le torve, le salace, le hasardeux, le dangereux Pierrot!

Il se dévêt du mac-farlane, y plonge une main rapide, la sort munie d'un portefeuille, et, grave, il ouvre le portefeuille, et, de joie brusque, d'écrasante joie, il tombe sur une chaise...

Car, — ô mines africaines : Goerz, Geduld, Geldenhins, Roodeport! — ce n'est pas *un* billet, le trivial billet de banque, le billet femelle que Pierrot a vu... C'est *des* billets, longs, larges, des mâles, une cohorte... Elle rayonne... Elle se tient prête à obéir... Elle obéit...

— Cinq... huit, neuf, dix, compte Pierrot.

On entendrait voler une mouche.

— Douze... quatorze... quinze...

Pierrot ferme les yeux : « Je vous salue, Marie, pleine de grâces... »

— Vingt... vingt-cinq... trente...

Il évoque son père, le forçat, et sa mère, la prostituée.

— Trente, trente-cinq...

Il exulte, rit, d'un rire qui lui bourre les côtes.

— Quarante...

Sommes-nous dans les bois, à l'aube humide, à l'aube d'or, qu'un tel nombre de rossignols chantent, qu'une telle nappe de fleurs embaument un hère, un hère notoire, et que, soudain pacifié, il jette par les arbres ses révoltes et ses jalousies?...

Mais Pierrot vient de tourner le quarantième billet du portefeuille, — et plus d'autres billets, plus un.

— Déjà?

Pierrot est admirable! Pierrot a le cœur fait comme nos cœurs!... Il se résignera donc, en hâte...

Le voici résigné... Le voici égoïste... Le voici qui désire... manger.

— Oui, manger, d'abord manger, un tas de cuisines rares, délicates, superlatives!

Boire?

— Boire à force, à la tonne!

Aimer?

— Certes! grand Dieu, qui pourrait vivre sans aimer, sans adorer une matrone blonde, obèse... une brunette capricante... et un tendron, un joli tendron, guilleret, fauve?

Du coup, Monsieur rêve hôtel, villa, teuf-teuf, yole...

Après?

— Mandoline... samovar... chibouque...

Ensuite?

2

— Groom, groom d'ébène, par contraste
Enfin?

Pierrot sonne... Il est gelé, moulu, obtus, fatigué de rêves et de perspectives...

SCÈNE II

PIERROT, LA CONCIERGE

Têtebleu! l'énorme gaillarde!

Elle houle de la gorge, ballotte du croupion : flic, flac... flic, flac, floc... Elle empeste le trois-six, oblige notre homme à se clore les narines...

— Qué qu'vous demandez?

— Mon journal. Hop!

La concierge le donne, celui que Pierrot exige le soir, d'habitude.

— Faut-y faire la cou... la coucouverture?

— Non.

— Faut-y que j'vous déshabille?

— Non.

— Faut-y...?

— Non. Allez-vous-en.

L'ivrognesse part : flic, flac... flic, flac, floc; Pierrot hume l'atmosphère...

Et les mirlitons de mirlitonner, au dehors, les trompes de trompeter, les gens de brailler...

SCÈNE III

Ils n'émeuvent plus Pierrot!

Une seule chose l'embarrasse, l'hypnotise, depuis un instant, une chose de rien, une chose d'un sou : le journal qu'on a monté...

Il le déploie, regarde le portefeuille dans la cachette où il mamelonne, contre sa jambe gauche... Et il saute la *Chronique;* saute les *Échos,* la *Chambre;* saute *l'Armée,* les *Ventes;* n'arrête qu'aux *Informations,* aux *Informations diverses...*

Pour y lire?...

Juste!

Le gueux ignore donc qu'il a volé tard, beaucoup trop tard pour miroiter en un journal, fût-ce à l'heure extrême?

Non, le gueux chipote... le gueux espère bien...

— Ouf!

Mais, comme il est sûr, actuellement... c'est d'autres histoires, d'autres drames que Pierrot se met à lire, par esprit de corps, par vertige profond, niais, irrésistible : une bataille, bataille mortelle... un suicide, le suicide d'une pauvre femme... et un meurtre, meurtre où le meurtrier découpe sa victime...

SCÈNE IV

PIERROT, LA CONCIERGE, de plus
en plus ivre.

— Môsieur m'a tinté?

Pierrot :

— Moi?

— Oui.

— Êtes-vous malade? Je n'ai point bougé de ma chaise... Je lisais, je m'amusais.

La pipelette est ébaubie... La pipelette aura heurté un verre à la panse de quelque litre...

— Dites, c'pendant, Môsieur... y faut que j'me re-en aille?

Pierrot cloche de lassitude :

— Inutile! Vous pouvez me déshabiller.

Flic, flac, flic, flac, floc... De plaisir, de récupérer bouteille, la concierge brimbale, déshabille vivement Pierrot... lui passe une chemise de nuit...

— Bonsoir?

— Bonsoir.

Elle disparaît : flic, floc.

SCÈNE V

Toutefois, Pierrot, — il a l'air d'avoir troqué ses grègues pour un pantalon collant — Pierrot ne se couche pas, reste dramatique...

Il saisit l'urne blafarde, l'urne indispensable, — et la repose vide... Il montrait les omoplates, — et montre le poitrail, un masque craintif...

Quelle angoisse, quelles nouvelles angoisses l'étrei gnent?... Que combine-t-il?... Que veut-il?...Que regarde-t-il sur la cheminéo?

Ce revolver?

Pierrot l'a-grippe; Pierrot l'arme; Pierrot examine s'il n'est personne aux ombres de l'alcôve, des meubles, à l'ombre de son ombre... Il n'est personne, personne avec des doigts,

des yeux... Il n'est que les fumerolles du
journal, de l'humble journal, dans sa caboche.

Alors, entre le portefeuille, le revolver,
Pierrot se couche, tire les rideaux, éteint la
bougie... ronfle, ronfle...

Et plus de clameurs, nulle part : les bêtes,
les gens, les maisons dorment.

*Le fond de la chambre grouille, pullule, et,
immédiatement, jaillissent des ténèbres une avenue
blanche, ses lumières nocturnes, ses magasins, ses
platanes de givre, un tas de neige, un banc coton-
neux, une échoppe de barbier. Elle a pour enseigne un rasoir phénoménal.*

SCÈNE VI

PIERROT, UNE MARITORNE

Arrive Pierrot, Pierrot et son mac-farlane,
Pierrot, l'œil aiguisé, la lèvre méchante...

Il va, vient, se baisse, se relève, cherche...
Quelque objet perdu?

Quelque objet de valeur. Aucun doute!

Derrière Pierrot, la neige n'est plus neige,
tant elle reste noire de traces ; face à Pierrot,
de l'ouate, une inondation glacée.

— Zut! juronne le drôle.

Mais il cherche quand même... ici...
là... contre l'échoppe... contre cette bou-
tique. Une fenêtre la domine, fenêtre pai-
sible.

Elle grince, bâille, laisse poindre tout à
coup un visage de maritorne, — puis c'est
des ordures, une trombe d'ordures que reçoit
Pierrot sur la tête, sur les épaules.

Il écume de rage :

— Tonnerre de tonnerre!

Il fouille sa poche, en extrait un pistolet,
vise la maritorne, qui ne l'avait point visé,
elle, qui s'était crue seule... Paf!

3

— Oïe !... Oïe, oïe !

Elle culbute, demeure culbutée, le tronc hors de la fenêtre...

Et *premier crime*, celui du journal, quasi. Pierrot vide la place.

SCÈNE VII

Une, deuss... Une, deuss. Émerge un gardien de la paix.

— Est-ce un bruit de porte ou le bruit d'une arme à feu, que j'ai entendu?

Il interroge la neige... l'échoppe... les murailles... Il aperçoit la maritorne, se découvre, fut toujours aimable avec le sexe :

— Pardon, excuses, Madame... Un renseignement, s'ous plaît...

On ne bouge point... On gît comme une loque.

— Rapport à une péta-
rade, que je sors
d'entendre,
malgré les
prohibi-
tifs...

Zzz...
chan-
tent la
bise, l'hiver.
— Oh! oh!
Le gardien
s'étonne; le
gardien ap-
proche...
— Est-ce
que, par hasard...?
Oui, mon brigadier, vous

avez raison, vous avez entendu tuer cette malheureuse.

— Hum! Dois-je instruire la famille?... Vaut-il mieux que je m'élance...?

Il s'élance, côté cour... Pierrot a pris le côté jardin.

SCÈNE VIII

Une troupe masquée, déguisée : hommes, filles, dont un juge, un gendarme, un bourreau.

Ils enterrent le carnaval, godaillent d'une taverne à l'autre... refusent de voir qu'une mendiante les suit, les implore, une mendiante et son poupon :

— La charité, braves Messieurs!... J'ai faim... J'ai très faim...

Les braves Messieurs jouent des guiboles...
Les braves Messieurs bouchent leurs oreilles...

SCÈNE IX

LA MENDIANTE, UN VENTRE

Il a un haut de forme... Il fume un havane...

— La charité, Monsieur!... Au nom de votre père, au nom de votre mère!

— Regrets! plus un kopeck!

— Ne soyez pas dur, Monsieur... Regardez-moi, secourez-moi... Ayez pitié de l'enfant!... Je pleure, tenez!... je pleure...

Le ventre badine :

— Voulez-vous mon cigare?

SCÈNE X

Hé! grosse merluche, grosse courge, halte!... Ne vous éloignez point, que diable!... la pauvresse titube... Elle est épuisée, agonise... Elle imagine des quais, un fleuve très obscur où elle plongerait, achèverait de mourir, entre les herbes, au cœur des ténèbres...

— Soit!

Elle baise le poupon, l'installe sur le banc :

— Adieu!... Adieu!... Adieu!...

SCÈNE XI

Et revoilà Pierrot! — la mendiante court au fleuve, — Pierrot que navre, que ramène l'objet perdu...

A. FERROUD, ÉDITEUR

Imp. A. Porcabeuf

Il gagne le banc, s'assied.

— Ouin !

Pierrot a failli...

— Qu'est-ce ?

— Ouin ! Ouin !

— Ecraser un chat ?

— Ouin-in !

— Non, un gosse. A qui le gosse ?

Pierrot le promène, le berce...

— Ouin-in !

Pierrot siffle :

— *Bon voyage, cher Dumollet...*

— Ouin-in !

— Tu voudrais boire ?

Pierrot gamine... Pierrot fait celles qu'on tette.

— Ouin ! Ouin ! Ouin !

Mais le poupard continuant de vagir, Pierrot a peur que le quartier ne s'ameute... Mais, le poupard inondant Pierrot, Pierrot

4

se fâche... le rue en l'air... Il pirouette,
mesure la neige,
est une co-
lombe
assas-
sinée.
On
ne le

bercera plus.
Mort?
Mort.
Second drame?

Ya, yes, presque pareil au second drame du journal...

Pierrot décampe.

SCÈNE XII

. Une, deuss... Une, deuss... Aigre toux, cliquetis de ferraille : c'est le gardien de la paix, notre gardien.

Il bute le menu cadavre, l'examine, discerne que vient de se perpétrer un autre meurtre, que le meurtrier ne peut être à Berg-op-Zoom...

Et il lui emboîte le pas, cré pipa!... ramasse l'enfançon, cré pipon!... Et il file avec, cré pipee! — du côté que n'a point pris Pierrot...

SCÈNE XIII

Un guitariste nègre, de music-hall; sa compagne, Léona, brune ou blonde, maillot rose, jupe courte.

Ils trottent... Ils rentrent chez eux...

— Brrr!... Ça pince.

— Fort.

— Dépêchons.

— Dépêchons.

Ils galopent.

— Tiens !

— Quoi?

— Une épave, là.

— Où?

— Devant tes quinquets.

Le guitariste saisit l'épave :

— Un portefeuille!

— On le dirait plein!

— Gourmande!

— Asseyons-nous.

Ils inspectent le portefeuille...

SCÈNE XIV

Les Mêmes, PIERROT

Pierrot s'est collé à l'échoppe; Pierrot surveille les deux nomades :

— Qu'est-ce qu'ils frigoussent?

— Léona, ma chevrette, nous avons trouvé quarante mille balles, déclare le nègre.

Léona danse...

Pierrot, lui, mousse, pétille... Car son argent, son bel argent volé, son doux argent n'est pas perdu. O bonheur! O Hermès!

Il s'approche du nègre...

— Monsieur...

Le nègre cache le portefeuille.

— Monsieur, vous teniez à la minute, entrer vos dix doigts, une gaine de maroquin...

— Je tenais...?

— Oui, vous l'avez trouvée, par terre.

— Bah?

— Or, j'en suis le maître, l'incontestable maître...

— Plaît-il?

— Veuillez me le rendre.

— Hi, hi!

Le nègre piaffe; le nègre ondoie :

— Quel âne!... Quel âne bizarre!... Hein! Léona!... Il a l'espoir... il se figure que je rendrai...

— Donne.

— Hi, hi!

A. FERROUD, ÉDITEUR

Imp. A. Boisboeuf

— Donne, ou je t'étrangle.

Lâche cet homme, Pierrot... Lâche-lui la gorge... Tu le brises!... Tu le massacres!... Il tombe... Il est tombé derrière le tas de neige...

Troisième crime!

Léona grelotte, clouée au banc...

Et le portefeuille?

Dans la blouse de Pierrot.

Et le nègre?

Pierrot le palpe... Pierrot aimerait le découper... Pierrot, que son journal irrite...

— Bien! mais... un rasoir.

Léona montre l'enseigne du barbier.

— Chic! Chouette! fait Pierrot,

Et le rasoir qu'il convoitait, il le brandit... le repasse... taille les jambes au nègre...

— Prenez, prenez, Mam'selle... Jetez-moi ça où vous voudrez.

5

Le maillot rose jette où il peut... jette la boule crépue... les manches... le torse...

Le maillot rose est fort gentil, certes!... fort coquet... fort mignon... Il ne déplaît point à Pierrot... Malheureusement... le maillot rose a une langue... Il jaserait...

— Allons-y donc! mime Pierrot.

Et de l'orgueil l'épanouit, un vaste orgueil :

— Ce soir, à moi tout seul, j'aurai fauché quatre pantes!

Et rouge, le tranchelard levé, il empoigne Léona.

Elle balbutie :

— Grâce, Monsieur, Grâce!

— Non, vous me trahiriez.

— Je vous jure...

— Non, non, vous me trahiriez.

— Jamais. Au contraire.

— La preuve!

— La preuve?...

La preuve?... Tiens... Léona le caresse... elle le bec-

quête.
— Ne me chou-rine pas, dis, mon toto, mon bébé, mon lapin blanc.

Pierrot hésite :
— Faut-il?... Ne faut-il plus?...

— Laisse-moi vivre... Je serai la femme, la petite femme.. Je t'aimerai.

Est-ce curieux! Pierrot change... Pierrot tâche de sourire... Le rasoir lui glisse des mains...

Qu'a-t-il?... Quelle musique le calme?... Quels brusques remords le détendent?

Il admire Léona :

— C'eût été dommage, véritablement!... C'eût été dommage!

Il est mou... Il est un peu fou...

La neige se met à choir... puis une jambe du guitariste, puis l'autre... puis ses bras... puis sa tête, avec les houppes de cristal...

— Regarde! murmure Pierrot.

Léona ne voit rien... pas même la maritorne qui s'agite... pas même le nègre, dont les fragments se réunissent...

Pierrot :

— Bonté divine!

Le nègre a une horloge au lieu d'entrailles, et elle bredouille minuit... Le nègre, l'horloge fondent...

SCÈNE XV

PIERROT, LÉONA,
LE GARDIEN DE LA PAIX

Il s'est tant mû... Il a tellement brûlé de rues, qu'il arrive éreinté, n'a même pu, cré pipu! se débarrasser du moutard.

Léona le hèle :

— Psst!

— Madame?

Léona lui indique Pierrot, Pierrot inerte, Pierrot saigneux.

Le gardien :

— Il a une hémorragie?

—.Non, il a tué!

SCÈNE XVI

Pierrot essaie de fuir, mais Pierrot heurte le gendarme que nous aperçûmes...

Pierrot veut refuir, mais le juge et l'exécuteur de naguère le livrent au gardien de la paix.

— Hourra!

Celui-ci bave d'allégresse, détient enfin, cré pipin! le zèbre qu'il avait couru, sans l'atteindre.

On mène Pierrot vers la maritorne...

— Vous êtes le meurtrier de cette femme?

— Oui.

On mène Pierrot vers le poupon...

— Le meurtrier du germe que voilà?

— Oui.

— D'autres personnes?

— Oui, d'une autre... avec Madame.

Bing! Léonette... Traîtrise pour traîtrise!... Va! hurle ton innocence... Le juge ne te croit point... Le juge ordonne que Pierrot soit décapité... Le juge ordonne que tu périsses :

— Exécuteur, faites votre devoir.

Pierrot, à genoux, tend le col; — misérable Pierrot! — la hache de l'exécuteur, par la neige qui voltige, lance un éclair brutal... et...

La chambre d'hôtel borgne, la chambre de Pierrot, chambre modeste, ténébreuse.

SCÈNE XVII

Pierrot se réveille... Pierrot, d'un bond, joint le milieu de cette chambre, allume une bougie, sonne, sonne...

SCÈNE XVIII

PIERROT, LA CONCIERGE

— Y a le feu?... Vous avez mis le feu?

Elle est plus soule qu'une grive... Elle est en bannière et en casaquin.

Pierrot la remue : flac, floc... Pierrot la pétrit :

— Ai-je encore une tête?

La dondon pouffe :

— Une tête?... Bien sûr, Môsieur... Bien sûr.

— Vrai?

— Vrai.

— Allongez-moi le nez un peu, pour voir.

— Êtes-vous rigolboche donc, Môsieur!... L'êtes-vous!

La concierge le lui allonge.

— Brava !... J'ai une tête !... Fichez-moi un coup de pied au cul, maintenant.

— Oh ! Môsieur, je n'ose...

— Allez ! allez !

La concierge le lui fiche.

6

Pierrot gringotte... Pierrot jubi-
lote :

— Et rien, là, contre ma chemise?...
Vous ne voyez rien de sale, d'inhabituel,
d'écarlate?

— Non, Môsieur.

— Dès lors... dès lors... bavarde Pierrot,
— si le portefeuille, si les billets de banque
ont gardé leur place, la place où je les ai
casés, aux moelles de mon traversin, c'est
que...

Le portefeuille... les billets de banque
ont gardé leur place!

— C'est que j'ai eu un cauchemar, affirme
Pierrot.

Et il marche léger, mince, vigoureux...
aperçoit le journal, ne le met point en
pièces...

Et, au mépris du cauchemar, de tout, il

embrasse la pipelette, l'oblige de sauter : flac, flic, floc...

Et il continue de l'embrasser, violemment, éperdument.

TABLE

DES ILLUSTRATIONS

IMPRIMÉ

PAR

PHILIPPE RENOUARD

19, rue des Saints-Pères

PARIS

Eaux-fortes tirées par Porcabeuf